물의 혀

물의 혀

나석중 시집

문학의전당

| 시인의 말 |

자화상

허청 나게
돌도 해보고 시도 써보니
그도 저도 마음을 닦는 일
시도 돌 같아서
주먹 안에 넣고 조몰락거리는
작은 돌멩이처럼
짧게
쉽게
맛난
시 쓰고 싶었소
정원에 놓아둘 돌
방안에 놓아둘 돌
다 좋지만
돌은 축경 미, 시는 응축 미
여자보다 더 좋다고 참말 하면
그 친구 거짓말이라고
씩 웃데.

| 차례 |

2부 물의 혀

3부 꿈틀거리는 골목길

4부 모퉁이 길을 걸어가다

5부 껌 같은 여자

해설_조해옥

1부

대나무 속에 소리가 산다

대나무 속에 소리가 산다

내 짝귀를 대 보면
푸른 마디 칸칸
무슨 노래 소리가 들리는 듯, 무슨 울음소리가 들리는 듯
하다

갇힌 노래 소리, 주눅 든 울음소리, 세상으로 한없이 퍼지려
고
부풀어
마디가 자꾸자꾸 굵어지는 느낌

그렇다. 대나무가 꼿꼿이 설 수 있는 것도
그 속 깊은 노래와 팽팽한 울음 때문이다
그 소리의 긴장 속에 꺾이지 않는 절개

대나무 밭 서늘한 별뉘가 고요하다
바깥을 향하여 대나무 속울음이 귀 기울인다

그 여자

그 여자
눈 치뜨고 매정하게도 말하네
삼백육십오 년 동안이나
남한산성 꼭대기에 나 홀로 두고
어디 갔다가 이제야 왔느냐고
세상에 나가서
누구와 한세상 행복했었느냐고
눈 치뜨고 매정하게도 말하네
당신을 잊은 적 오래 됐다고
산문 밖으로 한 번도 나를
데려가 본 적 없는 당신이 나를
이제 와서 무얼 어쩔 거냐고
옹이 지고 패이고 낮게 뒤틀린
이 몸으로 나는 또 어떡하라고
눈 치뜨고 매정하게도 말하네
수어장대 뜰 안 꼼짝없이 붙박인
향나무 여자

서어나무

나는 오랫동안 떡갈나무를 좋아하였지만 될 수만 있다면 나는 서어나무가 되고 싶다. 떡갈나무가 푸른 앞섶을 열고 내미는 젖꼭지에 입을 댄 날 많았지만 요즈음에 와서 나는 울퉁불퉁한 서어나무 근육에 자주 눈길이 닿는 것이다.

나는 또 자꾸 대드는 사람에게 물러터지는 사람이라, 찔러도 피 한 방울 안 나올 것 같은 서어나무의 단단한 성품을 닮고 싶은 것이다. 다시는 세상의 달콤한 유언에 속지 않고 걸레 같은 사랑에도 홀리지 않겠다.

여러 잡목림에서 유달리 무엇인가 훈계할 듯 성큼성큼 다가오는 외삼촌 같은 서어나무의 딱 부러진 결단력 같은 것을 이제 좀 받아들이겠다.

부레옥잠

나에게 부레라는 생의 엔진이 있다면
물고기처럼 한 세상 헤엄쳐 갈 수 있겠네
예수처럼 물 위를 걸어갈 수도 있겠네

물속 근심 같은 잔뿌리들
한 생을 물 위에 뿌리박고 사는 것은
오글오글 안간힘으로 물질하고 있는 것은
저 부레라는 태왁 덕분

둥근 잎자루 속에
하늘 향한 그리움이 가득하므로
비로소 저 한 송이 보랏빛 꽃송이를 보네
태풍조차 저 생의 절정을 살짝 비켜가네

유랑자

미처 버리지 못한 빈 상자를 치우려는데
엄지만 한 고구마 한 덩이 남아 있다
남아 보랏빛 싹을 씽긋씽긋 피우고 있다
그 웃는 낯에 그냥 버리기는 안쓰러워서
유리컵에 담아 물을 주고 있었는데
하얀 실뿌리 무성히 평화를 내리박고 있다
손바닥보다도 못한 작은 영역을 넘어서
홀로 자유를 만끽하며 일곱 넝쿨 줄기차다

아, 그런데 거침없는 고구마 줄기야! 네가
언제까지, 어디까지
세상 모르게 뻗어나갈 줄은 모르겠지만
너는 꽃 한 송이 피울 수 없고
결코 씨알 한 알 낳을 수 없는
세상에서 가장 고독한 유랑자가 아니냐!!

겸손한 나무

층층나무는
우산 위에 우산을, 몇 겹의 우산을 들고
고스란하다
겸손이
참 마음의 발로인
맨 아래 가지런한 가지가 그 위의 가지를
떡 받쳐주고 있어
보기 좋다
2층의 가지도
나중 나온 3층의 가지를
한껏 빛내주고
3층의 가지는 또
저렇게 끙끙 맨 위의 하늘 떠받치고 있어
가상하다

천년 주목

천둥치고 번개치고
속 깡그리 빼주고 살았군요.
마냥 비바람 불고 눈발도 왔다갔으므로
그냥 허공 한 채 들이고 사시는군요
저렇게 속을 비워 나를 주목케 하는 이여
느닷없이 귀싸대기 올려붙여 정신 차리게 하는 이여
살아갈 미래보다도
살아온 지난날을 더 생각게 하는 이여
막걸리 두어 사발에 지고 오시던 아버지의 저녁노을은
당신의 등피처럼 붉었네
엑스선이 비쳐준 아버지의 밥통은 아,
동전만큼 구멍이 뻥 뚫려
만날 그 구멍으로 생의 헛바람 돌고 돌았네
이젠 생이 지루할 새도 없이
근심 걱정도 없는 그곳이던가요?
아직도 아버지 취중에 계신가요?

어서 오느라, 아들아
막걸리 한잔 하자꾸나 하실 것 같은
머잖아 고개 숙이고 아버지 찾아 가면

맥문동

여자라면 참 쇠심줄 같은 여자다
나무에 사철나무가 있다면
풀엔 늘 푸른 맥문동이 있지

기다림이 오래면
저 눈 속에 얼음 속에
사랑도 푸른 독을 빛내는지

문 밖에 서서
지나는 바람의 발간 유혹에
꺾일 듯 거의 다 꺾일 듯하면서도
푸른 지조의 뿌리 뽑히지 않는

아마도 천 년 전부터
지아비 마중 나온
지어미라면 참 대단한 지어미다

꽝꽝나무 앞에서

취중 전봇대에 머릴 처박고
아래로 누런 슬픔 쏟아낼 때
다시 걷는 발걸음 가벼워지고
당신의 존함을 듣는 것만으로도
비틀거리던 나를 압도했던 것이다
한 마리 수탉처럼 목울대에 힘 실어
그 풍요하신 이름을 내가 불렀을 때
당신의 그 무엇으로 나를
꽝꽝 울려주는 것 같았다
꽉꽉 채워주는 것 같았다
한여름 개처럼 늘어진 내 정신의
혓바닥에 전기다리미 번쩍
누르는 것 같았다. 죽었다 다시
내가
벌떡 살아나는 것 같았다

보호수保護樹

춘추 삼백팔십여 세 되신
느티나무할아버지를 가만히 만져본다
몸과 몸을 바싹 맞대고 내 짧은 아름으로
올려다보는 우듬지가 하늘에 닿아 아득하다
한창 젊었을 때는 병자호란의 치욕도 보셨겠지요
군데군데 세월의 상처를 성형한 담벼락 같은 피부
이리저리 귀를 대고 보니
할아버지의 심장소리가 의외로 쿵쾅 쿵쾅,
속으로 두 손 모아
할아버지의 만수무강을 빌어보는데 갑자기
남한산성 남문 앞이 소란하다, 할아버지의
후손들 여기저기 울창하다

나숭게

'나숭게' 라는 이름이
더 친구 같은 '냉이' 한 주먹
요리조리 다듬는다
그때는 봄이 와도 봄은 없었지
막된장에 묻혀 먹던 한 끼의 식사가
보릿고개를 넘어갔지. 보릿고개는 목메며
식도를 타고 넘던 길
숙자가 서울 갔던 길
아기 봐주러 서울 갔던 어린 숙자는 지금 어디 사나
이제라도 봄을 알아차린다는 건 눈물겹다
봄은 눈으로 코로 입으로 체득하지만
봄을 맨 먼저 미각으로 느끼게 하는 전령사여
너의 장지가 사람의 입속임을 감사하라
사람의 피가 되고 살이 되어
대를 끊지 않고 독하게 살아남는 인종을
미워하지 마라. 거기에 너도 대를 잇나니
늙지 않는 언년이로 살아남나니
내 고향 징게*땅에

* 전북 김제의 사투리

노란 민들레꽃

어느 잠결이었을까?

비행해 온 민들레 씨앗이 하필 내 목구멍에 깊숙이 들이박혔다. 천신만고의 안착

말랑말랑한 기관지의 육질에 박힌 씨앗의 갓 털이 바람 앞의 잠자리 날개처럼 팔딱거릴 때마다 온몸이 들썩거린다. 심장을 쏟을 것 같음

이미 안창에서 꽃 피워 목 넘어오는 샛노란 꽃잎! 낙인처럼 찍히는 꽃잎으로 몸은 사지 잘린 풍뎅이처럼 떤다

약 털어 넣고 물 마시고 물 내리고 기침하고 물 마시고 물 뺀다. 오, 즐거운 반복

더러는 콧물에 눈물도 좀 울컥 섞여 나오지만, 끙끙 앓는 소리도 나왔다가 객쩍다 얼른 들어가기도 하지만

내 일거수일투족을 보고 듣는 방 벼락이 말한다. "세상에서 가장 못난 놈아, 엄살떨지 마라!"

너를 만난 지가 오늘로 스무 날째, 얼마 남지 않았다

너 손 털고 미안하다며 천 리 밖으로 날아갈 날 얼마 남지 않았다. 그지?

산에 간다

고개 숙이고 허리 굽히고
공손하게 올라 걷는 산길
늙었어도 젊은 산의 문장은 난해하다
난해하지만 이 노인장의 깊고 높은
영혼의 빛이 정신의 소리가 퉁퉁 막힌 숨통을 뚫고
배고픈 생령에게 떠먹이는 것 있다
발길 잦은 슬픔에게는 한결
양지 바른 미소로 반기지만
정작 당신의 속내에도
여러 곳의 우울의 달디 단 옹달샘도 두시고 저만큼
작은 산 큰 산 잔설이 덮인 얼룩말
안장 위에 앉아 힘찬 발을 구르며
구릉을 내고 산맥을 잇는다. 그 등허리에
나 기대고 포개어 간다

양버즘나무

여태까지 양버즘나무 그늘 짙푸른데
운동장에서
밀고 당기던 동무들 다 어디 사나

장마 끝 숲 속
요기조기 불쑥불쑥 솟아나던
버섯 같은 자손들 퍼뜨리며 잘 살겠지
개중에는 더러 천 길 낭떠러지를 만나
오르면 살 수 있을 줄 알면서도
힘 부쳐 동아줄 놓은 동무도 있을 거야

그나저나 조금 있으면
입 다물고 고개 숙이고 허리 굽히고
면목 없이 어슬렁어슬렁
저 아득한 강 건너 모두 만날 테지

산길

발바닥이 읽고 간 경전
찢어지고 해지고 닳고 닳았네

잠깐 세속을 떠나 오를 때
함께 숨 가쁘고 끙끙 앓았으리
계절에 순응하는 나뭇잎들
길 위에 눕고 부서지고 뭉그라지고
길 위에 뾰족이 솟아난 바위는
밑줄 친 경전의 투명한 뼈,

극진히 읽지 못하고 넘어지네
넘어져 경전 한쪽을 찢네

불두화

이 둥글게 뭉쳐진 꽃숭어리를 보면
무척 먹음직한 주먹밥, 고슬고슬하고 건건한
광복 직전의 늦은 봄 어느 날
일본군으로부터 몇 번인가 받아먹었던 주먹밥
그때는 전쟁 중이라 일본군이 교정을 점령
학생들 복장도 국방색 일색이거나
카키복 반바지에 반 팔 윗도리였지
나는 초등학교 1학년, 담임선생은 '다 끼 구찌'
내 이름도 '도미 낭하 석기 중' 으로 개명을 하고
그 밥 우리 쌀을 수탈하여 지은 밥인지도 모르고
감지덕지 받아먹었던 소금기 묻은 주먹밥
쉬를 하는데 계단에 내려와서 누었다고
게다*를 벗어 여덟 살 어린 뺨을 좌우로 쳐대던
안경 쓰고 깡말랐던 '다 끼 구찌' 선생
그도 이미 이 세상 사람은 아닐 거야!
못내 불경스럽게도 주먹밥으로만 뵈는

* 게다 : 나막신의 일본 말

2부

물의 혀

물의 혀

저 달덩이 같은 몽돌을 보면
물의 혀가 대단하다
물의 혀는 그 촉감 얼마나 보드라운지
돌끼리 부딪쳐 깨지고
솟아난 날카로운 모서리들을
통증조차 느낄 수 없도록
가만 가만 핥아 주었을 것이다
오히려 돌의 상처를 씻어내던 혀가
갈기갈기 헤지고
닳고 닳았을 것이다. 아팠을 것이다
그러나 물의 혀는
돌을 갉는 鼠生의 치열처럼 정연하고
닳으면서 또 길어났을 것이다
나도 거듭나기 위하여
바닷가에 와서 나 하나의 몽돌로
누워 물의 혀를 받아들인다

불씨

귀 막고
눈 감고
입 다문 돌

이 돌
울음보 터뜨리면
세상 불지를 것이다

얼큰한 돌

큰 강 돌밭 사라지고
바닷가 후미진 돌밭도 그저 그래
그래서 무진장한 돌밭에서 돌 없다고
허튼 욕심도 내려놓지 않고 그냥 돌아갈 것인가
머릿속에 인박힌 뚜렷한 돌이 아니어도
그림이 알쏭달쏭한
모양이 될 똥 말똥한
같잖은 돌을 쥐고 돌 맛 얼큰해지는 돌 있나니
살짝 뺨을 만져보고 지나가는 바람처럼
정작 돌밭에 와서는 돌 욕심 버린 후
그 빈 마음을 어렴풋이 채워주는 돌이 있나니
육자배기라도 흥얼거리고 싶은 나만 즐기는 돌
가지고 갔다 제자리 다시 가져다 놓아도 즐거운
얼큰한 돌이 있나니

천 년

천 년을 굴러온 돌이 있었다
천 년을 굴러왔으므로 잠이 깊었다
잠이 깊었으므로 꿈도 길었다
꿈속에서 조선의 한 사내를 보았으니
하얀 명주옷에 검은 의관을 쓴 선비였다
아이와 어른처럼 서로 웃으며 즐겼다
아, 그러나 어느 날 꿈 깨어보니
꿈 깨어보니 선비는 온 데 간 데 없고
시끄러운 세상에 돌 한 덩이만
덩그러니 남아서
또 천 년을 굴러가게 되었다

방생放生

남한강 돌밭에서
콩 꺼풀 같은 눈으로
저만치 숨죽여 보는 거북이 한 마리

아, 거북이는 돌이 아니고
허울만 남은 하얀 배때기에
壽 福 康 寧이라는 먹 글씨 선명하다
두 눈깔은 물새에게 보시했는지
휑뎅그렁한 눈 확에 으슬으슬 강바람 돌고
鄕愁도 육질도 버린
딱딱한 박제만 남았다

인제 그만 난민도 아닌 무죄한 백성들
잡고 놓아주는 일이 오히려
죄 같고
서글프다

오도리행烏島里行

처음 가보는 돌밭은 이렇게도
설레며 사람을 외롭게 하는 것이어서
청량리역에서 경주역까지
완행열차는 불면의 밤을 달리는 것이었다
찐 계란에 마른 오징어 다리를 씹으며
두꺼비 눈물을 홀짝이던 일행들은
일찌감치 조용해졌다. 행복해졌다
이동판매원의 왕래도 뜸해진 한밤중
기차는 비릿한 바다물결 위의 쪽배처럼 뒤뚱거리고
쏜살같이 비켜주는 차창 밖 검은 풍경을 내다보는
한 사람만은 말똥말똥
술 몇 잔을 들이켜도 취하지 않고
세상에서 가장 외로운 짐승이 되어
초원의 도망치는 무리에서 낙오된 한 마리 누가 되어
밤새도록 기적을 울리며 달리는 것이었다
성대 끊긴 헛바람 소리
한여름 밤의 식어가는 레일 위를 긁으며
처음 가보는 돌밭은 이렇게도
설레며 사람을 외롭게 하는 것이어서
완행열차는 불면의 밤을 달리는 것이었다

* 포항시 흥해읍 동해안의 한 마을, 앞에 까마귀처럼 검은 바위섬이 있고 바다 물밑에 돌밭이 있다

섬의 조건

어느 날 느닷없이 솟아나야 한다. 이름 같은 건 없어야 한다
천 년이 흘러도
떠도는 전설도 없어야 한다. 손차양을 이마에 대고 봐도 금세 잊는
난바다에 불쑥 내민 물개 같은 얼굴, 어리둥절 두리번거리는 얼굴

만 년이 흘러도
어디에 적을 둔 적이 없는 천애 고아여야 한다. 그래서
거리낌 없는 안개 자욱 가물가물, 가라앉았다가 솟았다가
쓴 물 들이켜며 수평선에 목숨 줄 걸고 캑캑 숨넘어가야 한다

나의 가슴속에도 영원히 멸하지 않는 고독이라는 섬 하나 있다

벌쐬다

강가 돌밭에 자리 잡고 철퍼덕,
두고 온 빈집 생각일랑 내려놓는데
익어가는 가을 산 바라보며 주거니 받거니
강물에 비친 산 그림자와 함께 붉어지는데
난데없이 왼쪽 허벅지가 따끔하다
바짓가랑이를 올려붙이고 살펴보니
까만 벌침이 꽂혀 있다
벌쐰다는 말은
罰 쐰다는 말인가
나는 가만있고 벌이 저 혼자 다녀갔으므로
蜂針을 한 대 놓고 간 것이 틀림없다
봉침이 건강에 좋다는 말은 들었지만
아리고 스며드는 아픔 꽤 길다
늘어진 정신을 당겨 잡고 아무리 생각해도
경고성이 짙은 이 벌침 한 대의 의미를
알고 모르게 조금씩
저질러온 내 죄를 내가 모르랴마는 아무튼
벌침 맞은 자리는 꽃자리다

돌이나 되었으면

강 따라 올라온 연어처럼
정선 깊은 골 구절리쯤에서
나 돌이나 되었으면
거기 노추산에 막혀
해 뜨는 동해로 뛰어오르지 못하고
게으르게 천하태평으로 굴러 내리는
굴러서 천 년쯤 후에 해 지는 서해에
종착할 나, 먹먹한 돌이나 되었으면
돌 찾아 강으로 바다로
거지같이 쏘다니던 날 몇 해던가?
그 물결이 쓰다고 자꾸 뱉어놓는
아무렴 외로워 실성한 사람이 먹으면
낫는 알약 같은
돌멩이나 되었으면

물의 동안거冬安居

자기 피부를 땅겨 잡는 일이
늘어지고 퍼지고 누구에겐가 스미는 습성을 참고
물이 딱딱하게 언다는 것은 참 괴로운 일
얼고도 수평을 유지하는 것은 참 대단한 근력
방한복 하나 걸치지 않은 맨몸으로 웬만한 추위쯤은
자기 몸의 일부를 살얼음 거죽을 만들어 막아보지만
동지섣달 쇠 가시 같은 강추위에
제 몸 깡깡 얼어붙어 아예 스스로 추위와 내통하는
통째로 얼음이 되어 얼음을 이기는
검푸른 파도와 폭포와 홍수를 인내하는 물의 침묵을
내 안에도 담아두는 이 겨울

맹목

돌도 사랑도
열심만으로 안 되는 줄 알았다
나는 참 미숙한 겉 늙은이

몇 차례 정리하고도 어수선한 집안에 돌
요즈음은 외국 돌까지 집어먹는데
돌은 먹으면 먹을수록 왜 더 허기지는가?

요의 같은 그리움으로
한밤중에 일어나 돌을 보며
한 여인도 오래 사랑하지 못하면서
내가 정말 이 수많은 돌들을
사랑하고 있는 걸까 생각해보면

참 나는 어린 애였다
삼천갑자 동방삭보다 더
나이 드신 어른들 앞에 기껏
앙탈부리며 재롱떠는 어린 애였다

모락산*에서

모락산에 와서
모락모락 피어오르는
사람의 훈김은 향기로워서
발바닥에 힘주어 오르는 나무계단은
어느 그리움의 물길 퍼 올리는 무자위
끙끙 등에 아기를 업고
올라오는 젊은 부부가 갸륵하다
잔 돌 밟아 미끄러지며
깔깔대는 쪼그라진 노파의 동심에
애들아, 산은 내려갈 때 조심해야 한단다
보이지도 않으면서 엄중하고도 인자한
숲 속 어디에서 들려오는 산신령 목소리
의왕이고 평촌이고 안양이고 간에
아파트 삐죽삐죽 겁 없이 올라와도
모락산, 수리산, 관악산,
발아래 있다

* 경기도 의왕시에 있는 산

걸어둘 것이 있는 방

텅텅 망치 맞는
못대가리 얼마나 아플까
쿵쿵 못 끝 받으며 생살 찢는
벽은 또 얼마나 아프고

佳約이란
서로 아픔을 받아들이는 것인가
무엇보다 아픔을 견디는 것인가
백 년의 시간을 단단히 응고시키는
묘약인가

아 그러나 속내는 녹슬며
마르며 삐거덕거리며 짜릿한
환상통도 있는 그 방
걸어둘 것이 있는 방

세밑에서

반갑다는 것인지
산문에서 까치 한 마리 소리를 짓다 저만치 날아간다
먼저 새하얀 눈밭에 누런 외로움을 찍고 간 사람이 있었다
한 발 두 발 올려 딛는 산등성이의 관절이 뽀드득뽀드득
나의 오른쪽 무릎관절도 함께 삐거덕삐거덕 화답을 한다
용케도 하늘로 증발되지 않고 강물 따라 흘러 흘러가서
눈 흘기며 수평선 끝에서 끝을 본 것뿐인데 여기까지 왔다
꽃 지고 잎도 지고 열매 거둔 것 없이 기념처럼 또
낯익은 독감만 납시어서 콧물 난다. 기침 난다. 눈물 난다
한 사람이 생각나서 돌을 씻는다. 물을 준다. 쓰다듬는다
그 사람은 잘 사는지 아프지 않는지 나를 잊지는 않았는지
속눈썹을 깜박이며 쓰다듬으며 팔 뻗쳐 보는 돌의 체온이
참 따스해졌다

불사조不死鳥

한 외로움이
한 외로움을 찾아왔다
며칠 전부터
내 몸에 새 한 마리 날아들었다
새도 무척 외롭고 쓸쓸했던지
쓸쓸한 세상 살아가면서
통증 한 가지씩은 가져야 한다는 듯
이따금 쪼아대는 내 늑막의 통증
졸리는 일상을 죽비로 내리친다
따끔따끔
묵어가는 무료함을 쪼아대며
내 몸에 정신 차리라고 날아든 새
내가 반기며 죽지 않는
외로움이라는 새

3부

꿈틀거리는 골목길

꿈틀거리는 골목길

입 벌린 조개구름 느릿느릿 사라지면
어둠이 범람하기 시작했다
슬픔이 공갈빵처럼 부풀어 오르는 골목길엔
갑자기 쓰라린 허기가 몰아치고
골목길 끝에는
갓 난 새 노란 입 짹짹거리는 소리 들렸다
보안등도 깨지고
울퉁불퉁 뱀처럼 기어가던 골목길
노인의 왼쪽 다리에는 하지정맥류가 꿈틀거리고
이따금 살아 남았다는 시늉으로 푸르러져서
떠오르는 추억만큼 따끔거리는 것이었는데
고개 너머엔 신도시가 선다는 풍문 불어오고
덩달아 복덕방도 요기조기 복 떡을 내놓고
때마침 24시 편의점도 떠억 들어와서
굶주린 도둑고양이 눈도 밝아지고 있다

물소리

조용한 골짜기에
얼음 녹아내리는 물소리를 듣는다
간곡히 뭐라고 설하는 소리를 듣다 보면
이건 애당초 어려웠던 지난겨울을 굽어보시던
하늘의 근심이었다
산 정수리를 쓰다듬던 하늘의 눈물이었다
산도 퍼뜩 깨닫고 모아 두었던 그 눈물의 뭉텅이
지금 은물결로 흘려주면서 물가에 헐벗고 서 있는
산수유나무에 여드름 꽃망울 맺혀주면서
저만치 산 까치 한 쌍도 목 축여주면서
얼빠진 사람 하나 번쩍 정신 들게 하는
거듭 죽비를 내리치는 소리
쩌렁쩌렁 듣는다

독毒

독 중에도 맹독은 고독이라는 독
사랑도 물건도 그 어떤 것도 방치하면 안 된다.

한 번도 신지 않은 신발 신고 황당한 일을 보고 말았다. 상자에 넣어 둔 채로 오랫동안 아껴온 멀쩡한 새 신발 꺼내 신고 외국여행 가려는 길에 뒷굽이며 밑창까지 마른 개흙처럼 부슬부슬 떨어지는 게 아닌가!
상자 속에서 맑은 햇빛 보지 못하고 그간 저 혼자 속 푹푹 삭고 있었던 것, 마침내 이때다 하고 너 당해봐라! 제 몸 산산이 자해하여 낭패를 보이는

참 멍청한 사랑이었다
사랑은 아끼는 것이 아니었다

봄날

늦잠 자고 마냥 느긋한
묵정밭 송아지 울음 느릿느릿 발걸음 끌 때

담장 끝에 아지랑이 아롱다롱 뱀 허물 벗고
새 햇살 바늘 툭툭 부러뜨리며 하는 바느질에

텃밭 마늘 싹
질긴 땅거죽 뚫고 쑥쑥 솟아나고 있다

풍경

추녀에
달아준 풍경이 잠잠하다
한쪽으로 자꾸 기울어지는 이 집 한 채
저 작은 저울추 하나로 평정을 누리고 있다
한 바람 불어주어야
비로소 꺼내는 허공 소리
추녀에 맑은 목소리가 없다면
이따금 목소리조차 내지 않는다면
이 집의 고요는 너무 쓸쓸 할 것이다
목에 걸어 고단한 황소의 졸음마저 깨우는
한 남자의 황폐해져 가는
추녀에

담배연기

확 트인 공중으로 재빨리 흩어지지 않고
먹구렁이처럼 좁은 골목으로 기어들어
얇은 백지장이 되어 스며들었다
전갈도 없이 나타난 이 불청객은
내가 30년 전에 절교했던 친구
이제 얼굴도 없이 냄새로만 알아보는 친구
그간 폐가가 된 나의 몸뚱이가 그리웠던가 보다
이 끈질긴 족속들이 가장 살고 싶은 곳은
따뜻한 콧구멍, 그 안창의 기관지다
느닷없이 후각에 달라붙으면 소름 돋는다
10미터 전방에 걸어가는 굴뚝을 향하여
마음으로는 냉큼 달려가 그 엉덩이를 걷어찬다
돌이켜보면 나와 술자리를 가장 많이 한 친구
어깨 두드리며 나의 분노를 삭여주던 친구
사랑과 시와 죽음에 대하여 복종케 했던 나의
옛 친구

구멍을 보면

끝까지 살아 남아서
풍풍 숨 쉬고 있는 구멍들
밤송이로 쥐구멍을 틀어막고
개미구멍에 오줌 싸던 시절도 있었지만
태초의 산통소리 새 나오는
숲 속 검고 깊은 구멍을 보면
나를 가득 채워주고 싶었다
목덜미 따신 볕을 지고
한겨울 산성 비탈길을 오를 때
옹이 지고 패인 마른 나무의 상처를
어루만지고
그 공허를 가득 메워주고 싶었다
하지만 세상에서 가장 큰 구멍은
뜨거운 밥숟가락 떠 넣어주고 싶었던
목구멍이었다.

첫 추위

'첫' 이란 미지의 눈동자를 마주 보는 일이란 두렵고도 설레게 하는 일, 그런데 나에겐 첫 손님이 반갑고 막연한 첫 추위조차 반갑습니다

갑자기 오신다기에 삼가 얼마나 맵고 찬지 마중 나왔더니 하루 밤새에 길 안팎을 분간할 수 없습니다. 어제도 각별할 것 없이 걸어갔던 산길, 오늘은 길도 헐벗으면 춥겠다고 생각했는지 마른 떡갈나무 잎, 졸참나무 잎이 서로 몸 잇대어 누비이불을 두껍게 덮어줬습니다

눈대중만큼은 조심해서 걸어도 발아래 낙엽 바스러지는 소리는 서럽습니다. 서러워서 마음으로 긁어모아 다비를 드리며 훨훨 타오르는 하늘 올려다보니 거기에도 구름 이불 한 장 없는 살얼음장입니다

낯설다

낯설다
서울에서 반평생을 살아오면서도 어느 도시인지
낯설다
흙길에 깎아 박은 돌계단으로 변한 길이
낯설다
셀 수 없이 걸어놓은 자물쇠전망대가 돌무덤처럼
낯설다
빙 둘러보는 연무에 쌓인 도심 풍경이 어둑하니
낯설다
이쪽으로 걸어오는 한 무더기의 어설픈 조선병정들
낯설다
20년 만에 올라와 보는 폭삭 늙은 남산 얼굴이
낯설다
화장실에 들어가 손 씻으며 보는 주름진 얼굴도
낯설다

돌탑

이래서
사람들 합장하고 가는구나
뿔뿔이 흩어져
하릴없이
하찮게
함부로 밟히고 나뒹굴던 돌
마냥 게으르고 속절없던 돌
받치고
끌어 잡고
서로 중심을 잡고
끙끙 화엄을 짓고 있구나
하늘 우러러 가고 있구나
사는 길은 하늘 길뿐이라고
작은 침묵이 큰 침묵으로
쩌렁쩌렁 말을 하고 섰구나

물방울

돌이켜 보면
나도 하늘에서 온 물방울
돌계단 아래 터를 잡고
어느 민들레 꿈쩍도 않고 사는 걸 보고
나의 위태한 삶은 아무것도 아니었지만
나도 하나의 외로운 물방울이어서
당신에게 떨어져 번지고 싶었네
내가 부엉이처럼 밤을 지새울 때
당신이 내려준 단 이슬은
서로 응집하여 눈동자를 키우고
또르르 나뭇잎 끝에 맺히는 아침
이윽고 땅에 떨어져 목마른
흙에 스미어 또 한 생명을 일으키네
생명에서 생명으로
항상 마르지 않는 저 바다도 큰 물방울
큰 물방울 보면 보태지고 싶은 내 물방울
당신에게 가서 전적으로 한 몸이고 싶은
나의
초라한 물방울

아웃사이드

마당을 쓸고
구석에 처박아 둔 저 몽당 빗자루
한 번도 혁명을 쓸어본 적 없다
한 번도 주인의 의사에 반 한 적 없다
그래서 싸잡아
보수꼴통이라는 비난도 받지만
너 나 없이 손님을 맞을 땐 맨 먼저
그를 수고케 하였으니
빗자루는 태어나면서부터 빗자루라고
자기의 팔자를 원망하기는커녕 오히려
제 구실 다 하며 살아 왔는지
반성하는 자세로 서 있는 듯 빗자루
오물을 쓸고
최선을 다 하여 바닥을 쓸고
자기의 壽命조차 쓸어내던 밑바닥 생
참 무람없고 착해빠진 순한 생이
곧 쓸모없다고 버려질 것을 아는지 저
구석에 처박혀
여기 또 하나의 닮아빠진 빗자루를
비스듬히 보고 있다

돼지머리가 웃는다

살아서 웃어본 적이 없는
돼지머리가 웃는다
시끌벅적한 모란시장 가장자리
좌판 대에 올라앉아
조용히 차오르는 저 웃음 결
꿀꿀대며 끼니 챙길 것 없고
탈탈 목숨까지 내놨으니 이제
더 내놓을 것도 없어서
무소유란 저리 즐겁다
생판은 도떼기시장, 꿀꿀거리며
일생을 비천하게 살았으나
저 돌아가는 길은 환하다

때 이른 귀뚜라미는 울지 않는다

방 안에서 귀뚜라미를 만났다
생각지도 않은 손님
방충망을 쳤는데도 어디로 들어왔을까?
항상 현관으로 들어오는
늙은 외로움을 살짝 따라붙었을까?
놀라지 않게 들어 밖에 내놓을까 하다가
쪼그려 앉아
로봇 팔 같은 발 여섯을 내려다보니
이 양반 일생을 살면서 꽤 바삐 살았겠다
두 가닥 수염은 코끼리 코보다 길지만
더 부드럽고 예민한 더듬이라 할 것이다
이 방향감각이 험한 갈 길을 결행케 했으리라
안타까운 수화인 양 그 끝 번갈아 건드려보니
도망가지도 않고 내 뜻을 알았다는 듯
한여름에는 우리 족속들 성급히
울어대는 변고는 없을 것이라고 나긋나긋

혹여 집에서 싸우고 가출한 가장?
혼자서 살짝 들어와 들켜버린
그대도 늙은 외로움 한 마리?

박제된 골목길

골목길은 아이들이 나와 놀지 않습니다

골목길은 여자들이 머리끄덩이를 잡고 싸우지 않습니다

골목길은 출근했던 남자들이 귀가하지 않습니다

골목길은 행상들이 와서 고래고래 떠들지 않습니다

골목길은 갓 떨어진 가등도 나가 불을 밝히지 않습니다

골목길은 흘레붙은 개새끼들도 보이지 않습니다

골목길은 도둑고양이도 어슬렁거리지 않습니다

골목길은 우체부도 다시는 오지 않습니다

골목길은 이따금 그림자 없는 사람들 몇 기웃거립니다

4부

모퉁이 길을 걸어가다

그는 가고

들려오는 부음이 울먹이며 떨렸다
달포 사이, 두 친구의 죽음이 나를
귀에 맞대고 친 종소리만큼 놀라게 한다
심지가 다 타들어가서 그의
오장육부가 촛농처럼 몽땅 녹아내렸으며
쓸 데 없는 기도 대신 하늘에
상소리를 섞어 담배연기만 훅훅 뿜어댔다는 것이다
대저 그놈의 돈이란 뭐라고
그의 유언 한마디는 내 돈을 꼭 갚으라는 것이었다고
말해주는 미망인의 어떤 결의에 찬 얼굴이
야성의 울음을 간신히 누르고 있는 것 같았다
그 갸륵한 전언을 듣는 중 나는 자꾸자꾸
무언가 실수한 것만 같았다. 실례한 것만 같았다
남은 식구들에게 빚만 유산으로 남긴 사람을
하늘에서는 무슨 급하게 부릴 일이 있었던지
빚지고는 못 산다더니 그는 가고
여기 넋두리 한 마리 멀뚱하다

식구

아버지, 다음 달에 한국에 방문할 거 같습니다.
일정이 확정되면 형을 통해 가족들에게 연락도록 하지요. 식사라도 같이 하게

식사라도 같이 하게
당연히 식구라면 함께 밥 먹는 일이 제일 큰일이지
입에 밥숟가락 떠 넣으며 우리 이렇게 뿔뿔이 살아남아 건재하다고,

베트남에서 날아온 둘째의 안부편지가 베트남만큼 멀게도 느껴지지만
식사라도 같이 하자는 이 말은 세상에서 가장 따뜻한 말이어서

아들아, 어서 오려무나
오랜만에 흩어진 식구들 만나 냠냠, 한 끼의 뜨거운 밥이라도 같이 먹게

공원으로 출근하는 남자

내가 공원에 이르는 시간은 게으른 열 시 삼십 분경
물론 이 남자는 이미 출근해 있었다
이 남자의 근무처는 공원의 한적한 벤치 끝자리
한 오금을 한 무릎 위에 올려놓고 깍짓손을 얹고 있다
이 불혹의 성명불상 남자의 일과는
하늘에서 뭐라고 말하는 구름 나그네의 전언을 숙독하는 일
저만치서 노인들이 흘려보내는 도랑물 같은 옛 노래에 젖어
불현듯 칠십 대 노인이 되어보기도 하겠지만
아직은 목에 맨 넥타이가 반듯하고
신은 구둣발은 빛바랜 눈빛조차 낙상할 것 같다
아, 그러고 보니
이 남자가 이곳에 나온 지도 달포는 넘은 듯하여
이 남자 지난달 월급은 받아 갔는지, 어쨌는지 모르겠으나
품 큰 느티나무 그늘조차
거무튀튀한 그의 이마를 씻어주지 못하고 있었다

끝물

집을 나오면서
하늘을 올려다보았다
언제나 맨 처음으로 봐야만 하는 바깥세상
구름이 보글보글 흰 죽을 쑤고 있었다
한 그릇 떠먹고 싶은 그리움 끝에
그에게 전화를 걸었다
어떻게 사시냐고 물었더니
끝물에 죽지 못해 산다고 대답하였다
언제나 입에 붙은 말이지만 아직도
그 입 자락엔 단풍잎 같은 웃음 남았을
그는 매사 끌탕하는 일이 없다
끝물이긴 하지만
곰삭은 인생조차 떨이로 넘길 수 없다는 듯
그는 집에서는 쉬고
나가서는 논다

땅에 머리를 처박고

인디언들이 기우제를 올리면
틀림없이 비가 온다는 거야
비가 올 때까지 기도로 끝장을 보는 거지
한결같은 마음
흐트러지지 않은 몸가짐으로
드리는 기도에 하늘도 놀라서
할 수 없이 비를 내려 보내 준다는 거야
아, 그러고 보니 지금은 마른 나뭇잎
우수수 떨어지고 뼛속에 바람 드는 날
나는 하늘에 때 쓸 줄도 모르고
나의 반질한 기도는 모두 모두 끝장 없는
넋두리여서
오늘은 땅에 머리를 처박고
초목들 앞에 엉엉 울고 싶은 거야

불유거不踰距

수돗물이
똑, 똑, 똑, 떨어지고 있다
괄약근을 꽉꽉 힘 모아 조여도
낡아 헐거워진 곳에서
질질 흐르지도 않고
옆으로 새 나가지도 않고
한 방울씩 떨어지고 있다
안간힘으로 제 몸에 받아두었다가
불면의 밤 한 방울 두 방울
일정한 간격을 두고
똑, 똑, 똑, 미답의 문을 노크하며
음악 한 곡 밤새도록 쓰고 있다
딱딱한 실내의 정적에
촉촉한 음역을 넓히며
똑, 똑, 똑, 떨어지고 있다
수돗물이

* 공자가 나이 70대를 이른 말. 일흔 살에는 마음이 가는대로 해도 법도를 넘지 않았다 七十而從心所欲 不踰距 (칠십이종심소욕 불유거)

문병

느닷없이
공중에서 낚아채가는 목숨도 있지만
목숨 줄은 참 질기기도 해라
코에 관을 꽂아 밥을 먹고
목에 구멍을 내 관을 꽂아 숨 쉬는 목숨
장작개비 같은 팔뚝에는 이제
푸르뎅뎅 더는 주사바늘 꽂을 데가 없다
그래도 휑한 두 눈은 야광처럼 밝다
그래도 미치게 말이 하고 싶어 하는 말이
관을 꽂은 목구멍에서 새고 마는 말
병상을 박차고 이 사람 일어나면 함께
맨 먼저 돌밭이나 가리라
몸이 찌뿌듯하고 병 날 것 같으면 혼자
배낭 매고 돌밭 가서 깨끗해지고 돌아오던
이 사람 일어서면 맨 먼저 돌밭 가리라
거기에 감사할 造化翁이 계시니까
그와 내가 마냥 걸어갔던
걸어가서 돌아오지 않아도 좋을
돌밭이니까

밥값 묻는 밥

아침밥상 차려놓고
물 말아 떠먹는 밥 앞에
죽을힘으로 살겠다고 맹세하지만

또박또박 찾아 먹는 저녁밥상 앞
오늘 하루 밥값이나 했느냐
엄한 밥값 묻는 밥

반역反逆처럼

칼에 베인 손의 상처를 덧나게 하며
그 애인 몸의 상처와 열애하던 어떤 여류도 있었지만
어느 날인가 내 손등에 나타난
붓 도장 같던 상처 아닌 둥근 병증이 사라졌다
인사도 없이 왔다가 또 간다는 인사도 없이 사라졌다
아프지는 않아 약도 바르지 않고 근질거리던 病巢를
혀로 열심히 핥아 주면
감쪽같이 없어졌다가 다시 꽃잎처럼 되 피어나던 것
이게 무슨 전조인지는 모르지만 수시로 바라보며
걱정 반 안심 반으로 심심찮게
거의 1 년 동안 긁어 부스럼 만들며 놀고 싶던 그 자리
희미한 검버섯 하나 달랑 反逆처럼 남겨놓고 사라졌다
내 어설픈 사랑이 어느 날 문득
나를 고단하게 놔두고 영 떠나듯이

아버지도 운다

어젯밤 꿈에는 큰 아들이
너무 힘들어보여서 잠을 깼다네
데드볼이라도 맞고
생애의 1루라도 출루했는지
참으로 일상적인 아들의
안부전화가 기다려지는 날
아버지가 먼저 전화를 걸기도 하지만
아버지는 가끔 혼자가 된다네
혼자되어 낡은 울음통을 연다네
홀로 깊이 울어본 끝에
하늘에 계신 아버지를 생각한다네
생각하며 또 칠칠 운다네

모퉁이 길을 걸어가다

혼자서
걸어가는 발걸음이 휘청거렸다
오늘도 모퉁이 길 쓸쓸히 돌면서
휘파람 불고 오는 당신 만날 것 믿었다
내 생애를 쇠기둥같이 받쳐온
당신이 없었다면 나는
마음조차 폭삭 늙었으리라
세상 모든 길이
지평선 훤히 보이는 가로줄뿐이라면
그 행로 얼마나 지루하고 싱거웠으랴
뒤돌아보고 또 뒤돌아보면
저만치 두 줄기 흐린 시선
내일도 두근두근 찾아갈 것이다. 내일은
틀림없이 어둠이 환하게 열리면서
불쑥 얼굴 내미는 당신 만날 것을
굳게굳게 또 믿어보는 것이다

중얼거리는 동안

내 머리에 피도 마르기 전에
머리꼭대기까지 화가 난 아버지
쿵쿵 방 벼락에 머릴 찧고
겁에 질린 어머니는 뭐라 중얼거렸네

弱冠에는 나 뜬구름이었네
밤마다 꿈마다
하나님이 보내주신 詩句를 외우며
외워지지 않으며
나 폐에 구멍이 나도록 중얼거렸네

인제 생각하면
중얼중얼 모두 씨 나락 까먹는 소리
여자랑 살면서 짝짝 자존심 찢는 일은
그냥 눈 감아도 될 사소한 일인데
나는 새벽부터 분기탱천 중얼거렸네

구질구질 비 내리는 날
오늘은 혼자 집으로 들어온
가여운 쥐며느리를 내쫓으며
못 된 시아버지로 혼자 중얼거리네

내 옆에 누가 있다

죽음도 삶도
혼자인 마음은 돌덩이처럼 굳더라
굳어 빗방울 한 방울 스밀 틈 없더라
그런데 요즈음 하찮기 짝이 없는 몸
스무닷새 동안 독감의 포로가 되면서
사람이 약아지기는커녕 어느 날
밖에서 문 열고 집에 들어서자 말자
고장 난 수도처럼 슬픔 새고 엉 엉 엉
울고 싶어지는 찰나도 있더라
그러나 냉큼 진저리치며
재갈 물리고 울음을 참게 되더라
내 옆에 누가 있어 호통 치더라
그 호통에서 돌아가신 아버지 생각이
설핏 나더라.

생의 구린내가 친근하다

10 세대가 누운 똥 덩이 잘 익었다
일용한 양식은 서로 유별하였겠으나
누운 똥은 저리 평등하다
한 지붕 아래 더러 변비와 설사도 섞였겠지만
굳이 따지고 보면
싸기 위해서 먹었고
먹기 위해서 살았고
살기 위해서 끙끙 돈 벌었다
그러니 저것이 배불리 소화시킨 황금웅덩이다
6 개월에 한 번씩,
1 년에 두 번 비워내는 정화조 청소
10 세대의 분뇨생산비는 도합 얼마나 될까
쉭쉭 부질없는 생각을 빨아올리며
구린내가 친근하다

씬짜오,*베트남

인도차이나 반도 동쪽
중국, 라오스, 타이, 캄보디아 접경
가냘픈 해마 모양으로 서 있는 나라
유구한 역사를 지키며 질경이같이 살아온
대한민국같이도 질긴 나라 베트남
이른 아침 무이네 해변의 파도는 팔 벌려
구면같이 달싹 얼싸 안겨 들고
한낮 도이깟짱의 하얀 사막은 발가벗은 엉덩이
그 여자의 보드라운 엉덩이를 만져보았네
지금도 한 줌의 가는 모래알
손가락 사이를 간질이며 흘러내리는 듯
아슬아슬 저 충돌할 것 같은 오토바이 무리들
양양한 앞길을 질주하고
거리의 흰 아오자이 깃발 도도히 휘날리네
천혜자원을 낭비하지 않으며
개미처럼 열심히 사는 저 태양족이
바야흐로 한 마리의 용으로 꿈틀거리네
내 피붙이 '나 마이 누리' 가 사는 나라
내 사돈 나라여 영원하라

* 안녕하세요

5부

껌 같은 여자

의자

당신은
이런 의자를 생각한 적 있나
삐거덕거리는 내 관절을 싹 고쳐서
내가 내 애인의 기쁜 의자가 되는 일
내 애인의 보드라운 쿠션이 내 몸에
지긋이 와 닿아 하늘 땅 숨통 열리는 일을
세상에 그만큼 따스하고
행복한 무게를 느껴 본 적 있나 당신
밤새도록 걱정 많은 비는 내리고
잠은 켜졌다 꺼졌다 고장 난 가로등
한밤중에 일어나 이런 시를 쓰는 일은
하나님께 송구하기도 하지만
내가 내 애인의 의자가 되겠다는데
아니꼽다는 말인가 당신

한 모금

한 모금이라는 말은
한 번만 살려주세요, 라는 말
한 잔도 아니고 한 모금이라는 말은
목을 적시고 숨통 트이게 하는 말
벼랑 끝에서 잡고 싶은 지푸라기
세상을 하직하는 인사말로는 가장
詩적인
한 모금이라는 말
가래 끓고 바튼 기침 쿨럭이는 말
춥고 떨리고
허리 구부정정 절룩이는 말
한 모금이라는 말 두근거리고
알 딸딸 짜르르 한 말
한 모금이라는 말은
숨넘어가다 숨 끝에 멈춘 말

볼우물

강바람을 도시에서 만났다
무거운 마음을
방생하고 왔다는 이 촉촉한 바람이
번쩍 내 손을 잡고
손바닥을 펴본다
거미줄 같은 손금을 보면서
오늘 운수 좋은 날이라고 웃는데
하, 福點이 볼우물에 잠긴다
저 운명의 점 하나가
사계절 잎 내고 꽃 피웠다는 것이지
마르지 않는 물
두레박에 철철 퍼 올렸다는 것이지
시원한 이 늦바람이 부어주는
색 좋은 소맥은 취하지도 않는다
검정 모자 아래
입술에 걸린 무지개만 보인다

금국차

이 꽃차는
혀끝으로 맛보는 것보다 먼저
보내준 이의 향내를 맡는 것
금강 변에서 올라온 마른 꽃 두어 송이
끓은 물에 넣고 우려내면
금세 먼동 트는 이 그리움의 금빛을
뭐라 말해야 할까
입 안에선 좀 떨떠름하게 돌다가
후각에 스미는 이 여운을
귀청에 끊기었다 이어지며 먼데
징소리 여울져오는 걸 뭐라 말해야 할까
눈 침침해지고 입이 마를 때쯤에
어스름을 바라보며 영혼이 환해지는
한두어 잔 마실 때 그이도
찻물을 끓이고 있을까
금국차 같은 詩 한 송이
따 들고 있을까

멧비둘기 소리

4월의 멧비둘기가 짝을 찾는
저 구슬픈 소리를 좀 들어 봐
건너 골짝에 틀림없이 암비둘기가 있을 거야
생명의 숨소리 중
짝을 찾는 소리만큼 질긴 것 있을까
세상의 암컷들은
안타까운 수컷들을 향하여 젖꼭지를 물리려 하지
우리는 저 멧비둘기만큼 혼 맑아서
간절한 적 있나, 사랑에 목마른 적 있나
연두에서 초록으로 짙어져 가는 산골짝에
목청 찢어져라 궁굴리는 소리가
싱싱한 물기를 흠뻑 묻혀 와서
모래알 같은 영혼을 적셔준다

칼로 물 베기

밤이 길거나 짧거나
짜증내거나
열대야는 핑계 대기 좋은 밤이다

사랑은 2도쯤의 화상일까
물집 마를 날 없다
물건 손에 잡히는 대로 던지고
누렇게 중독된 욕설 피부은 다음 날엔
맑은 아침이다

열어놓은 창문을 통하여
딸그락딸그락 옆집 설거지하는 소리
흥얼흥얼 넘어오는
식물성 노래의 덩굴

등 돌리면 그만이지만
얼굴 맞대고는 아무리 베어도
상처 얼룩 하나 남기지 않는
긴 강물 같은 부부

새 애인

비는 오는 둥 마는 둥 참새 눈물 같은 빗방울 염치없이 풀썩 풀썩 먼지에 묻혀버리는 초여름 어느 날,

단순이 그 어여쁜 이름 때문이지만 어느 미혼모 같은 불쌍한 생각도 들어서 작은 盆 하나 입양했었지요. 이 측은한 것 돌보는 데 맹물도 넘치면 독이 된다는 걸 몰랐어요. 며칠 지난 후 누렇게 떠 말라 죽다니!

그런데 누렇게 말라 죽은 주검에서 불현듯 그 여자가 피어오르는 거예요. 진즉 잊혔던 그 여자, 쑥 비누로 몸을 헹구곤 하던 그 여자의 살 냄새가 사르르 나는 거였어요.

가시울타리에 걸쳐둔 한 자락 뱀 허물 같은 로즈마리!
누가, 재수 없다고 버리라고 하는데, 난 아직도 아침저녁으로 그 여자의 풍장을 흠향하곤 하지요.

지연紙鳶을 놓친 적 있다

문득, 아득히 사라진 허공을
조용히 바라보곤 하였다
이별은 느닷없이 오는 것이어서
너를 뻔히 보면서도 놓쳤었다
아아, 그런데 지난 일요일이었다
남한산성 유원지 입구에서
소식 끊긴 아주 건강한 너를 보았다
너는 다시 홰를 치려고 나를 못 보았지만
나는 짐짓 알은 체를 하지 않았다
생각보다 뿌리박고 열심히 사는
그 건강한 얼굴이 무안할까 봐
그냥 내가 알은 체를 하지 않았다
연줄이 끊긴 연을
누군가 잡아준 사람이 있었다

껌 같은 여자

나 껌 같은 여자 하나 구하여 껌 같은
오랜 입맞춤,
껌만큼 오래 씹히는 연애 한 번 해보리
텁텁한 입이나 헹구고 퉤 뱉어버려도 좋을 여자
하나 구하리. 아니 처음엔
단물 다 빼먹고도 나중엔
질겅질겅 생고무 같은 껌의 육질을 씹으면서
입 안에 남은 맛난 정, 향내의 여운을 핥아가
손때 묻혀 붙여 놔도 누가 거들떠보지 않는
나에게만 진득진득 달라붙어 떨어지지 않는
송진 냄새 나는 옛날 여자 하나 구하리
딱딱해진 방 벼락에 붙은 껌 다시 입에 넣고
펑펑 튀밥 튀는 소리를 지르며 부풀어 오르는
풍선껌 같은 여자이면 더 좋으리

구름여자

화장발 좋은 이 여자 나이보다 십 년 이상은 젊은
흥얼흥얼 아직도 소녀티는 남아서 시를 썼다면
연애와 그리움을 맛있게 버무려 쓰는 비빔밥 여자
시 낭송할 때 두둥실 천상의 구름으로 떠도는 여자
알집은 있으나 이미 꽃길 끊긴 이 여자를 보면
나도 어느새 이 뭉게구름이라도 타고 싶어서 내가
당신의 아기를 갖고 싶다고 눙치면 금세 얼굴 붉히며
자기 불룩한 배 쓸어내리며 큰 났다고 하는 이 여자
내가 소주 서너 잔쯤 마실 때 이 여자 갸륵한 여자
소주 한 잔 따라 놓고 열 번은 마시는 둥 마는 둥
순종 서울 태생이면서도 통영굴밥을 좋아해서 은근히
갯내 풍기는 이 여자. 마법의 담요 같은 구름여자
그러나 언제 터질 줄 모르는 눈물내장을 품고 있는
눈 가에 한여름 땅거미 같은 그늘은 깊고 깊어서…

구필화가

사막에서
물 한 방울 없이 붓을 입에 물고
잠든 모래를 찍어

볼록한 젖무덤을 그리고
옴팍한 배꼽을 그리고
둥근 엉덩이를 그리고
긴 두 가랑이를 그리고

그 몸에
포근히 묻히고 싶은
한 여자를 그리는 바람의 붓질

마침내 그 여자
절정을 낳고 있는 중이었다
신기루에 묻히고 있는 중이었다

싹수없다

피그미족 같은 麻 씨는
머리 큰 달마대사가 많다
千 佛도 있거니와 이게 돌이라면
몸집은 작아도 한번 佛事를 일으켜도 좋겠다는
생각을 하면서 마 씨를 씻다보면
물 위에 뜬 쭉정이 몇 낱 흘러가고
며칠 후 개수대를 청소하다 보면
쪼그라진 빈 몸에서 하얀 싹 돋아나 있다
저나 나나 소용없겠지마는, 그러나
마 씨를 갈아먹으면 건강에도 좋고
거시기도 좋다고 해서 매일 아침 갈아 먹어봐도
낡은 몸에는 거짓말 같은 움 하나 트지 않는다
그러나 딴 데로 그 힘이 쌓여서 언젠가는
거짓말이 아니라는 마 씨의 효험을
은근히 믿어보면서
멍 멍 멍 마 씨를 본다

초콜릿

언제 먹어 보았나
사 먹어 본 적 없고
누가 넌지시 건네줘서 먹어 본

그러나 평생 그 단맛에 빠질 뻔한
눈 딱 감고 조기 올라가 보면
별천지일까? 달콤할까

우리 동네 들어오는 뒷골목
온통 초콜릿색으로 붉게 칠한
하학 길 사춘기들 힐끔 올려다보는

신데렐라같이 등장한 저
모텔, 초콜렛

지네

숲 속에 이른바
“추억으로 가는 기차”
헐떡거리던 새까만 머리통은 어디 두고
박제된 몸통 두어 칸
이젠 저 절족동물은 달릴 수 없다
달릴 수 없는 곳에선
곧 허물어질 미래에 대한 이야기보다는
견고한 추억을 이야기하는 늙은 연인들,
사랑의 독이빨도 빠지고
마음으로만 달려보는
저 숨 가쁜 카페

낙화의 위로

스스로 목숨 불어 끈
한 죽음이 나를 위로하네
너무 섭섭해 하지 말라고
너무 슬퍼하지 말라고
나를 위로하네. 그 두렵고도
바람에 휘둘리던 어려운 목숨
그분 앞에 가서 보니
내 목숨이 내 목숨이 아닌 게
참 부끄러워
뻔뻔히 고개 들 수 없더라고
내가 잘못했다고
내가 미안하고 죄송하다고
한밤중에 죽은 자
홀연 나타나 나를 위로하네

아이스케이크

1)
이거 보오
아직 짱짱하오
재기랄, 거짓말 다 녹네
사랑한다는 말 따윈
생략해 버리는 거오
어느새 조개 같은 입
당당히
뻔뻔히
이왕 먹을 바에는
짧게 으깨 먹지 마시고
길게 핥아 잡수시오
터널이 받아먹은
기차같이

2)
그대가
불덩이같이
단지 나를 사랑한다는 이유만으로
아주 참을성 있게

핥고
빨고
동아줄에 매단 목 축 늘어지듯이
뒤끝 오직 감미로움만으로
사라질 수 있다면
서서히
내가

불변의 사물들과 견자見者의 내면

조해옥 (문학평론가)

1. 고요한 아픔, 돌의 시

나석중 시인은 지금까지 『숨소리』(2005), 『나는 그대를 쓰네』(2007), 『촉감』(2009) 등 세 권의 시집을 발간하였다. 그는 새 시집인 『물의 혀』에서 불변의 사물들인 돌과 식물들을 매개로 하여 삶에 대한 성찰은 본격화하고 심화시킨다. 그는 그의 시상을 깊이 있게 전개시키는 질료들로 돌과 나무 등의 자연물을 다루는데, 근원적 슬픔에 대한 성찰의 매개가 되는 질료들은 삶에 대한 의문에 대해 스스로 답하기 위해 시인의 의식 속에 역동적으로 배치되고 변용된다.

나석중 시인의 시에서 돌은 지상의 아픔과 격렬한 감정을 모두 체험하고 난 뒤에 침묵과 고요의 시간이 지속되는 응결체이다. 그가 형상화시키는 돌의 이미지는 삶을 바라보는 시인의 내면을 드러낸다.

몸 달아
들끓던 바다가
저만치 드러눕고

사람이 한창 허허로울 때
무량한 돌밭에 들면
영원의 밥 짓는 냄새가 난다

앞에 사람이 보고도 그냥 밟고 간
그 돌이
나에겐 동공을 열게 하는
천국의 돌

손바닥에 돌 하나를 쥐고
이리 보고 저리 보고
무한無限을 본다.

–「천국의 돌」(『숨소리』, 2005) 부분

위의 시에서 돌밭은 신비로운 마을 같고, 돌멩이는 그곳에 사는 인격화된 존재처럼 보인다. “몸 달아/들끓던 바다가/저만치 드러눕”는 고요한 마을에는 영원의 시간이 흐른다. “천국의 돌”은 시의 화자에게 무한함이 어떠한 형상인지를 보여주는 사물이다. 천국의 존재는 아무나 쉽게 알아차릴 수 없는 것이다. 그것은 그것을 알아볼 수 있는 눈이 있는 자에게만 자기를 보여준다. 시인의 시에서 돌은 천상의 의미를 획득하고 있는데, 그것은 돌이 지상의 아픔을 모두 다 겪은 후에 얻게 된 침묵의 존재이기 때문이다.

저 달덩이 같은 몽돌을 보면
물의 혀가 대단하다
물의 혀는 그 촉감 얼마나 보드라운지
돌끼리 부딪쳐 깨지고
솟아난 날카로운 모서리들을
통증조차 느낄 수 없도록
가만 가만 핥아 주었을 것이다
오히려 돌의 상처를 씻어내던 혀가
갈기갈기 헤지고
닳고 닳았을 것이다. 아팠을 것이다
그러나 물의 혀는
돌을 갉는 鼠生의 치열처럼 정연하고
닳으면서 또 길어났을 것이다
나도 거듭나기 위하여

바닷가에 와서 나 하나의 몽돌로
누워 물의 혀를 받아들인다

-「물의 혀」 전문

바다는 거듭남의 장소이다. 모서리가 날카로운 돌은 물의 혀가 핥아주어 달덩이처럼 둥그렇고 보드라운 몽돌로 거듭난다. 물의 혀는 자신의 몸이 헤질지라도 모난 돌을 몽돌로 만들어준다. 화자는 자신도 거듭남의 장소인 바닷가에 누워 자신도 몽돌처럼 둥글어지는 꿈을 꾼다. 여기에서 시인은 자기희생과 인고의 상징을 형상화시키는데, 그것이 바로 '물의 혀' 이다.

나석중 시인의 시에서 돌은 무한함과 영원함과 지상의 아픔을 초월한 존재이다. 이 같은 돌의 상징성과 더불어 돌밭은 세상에서 받은 상처와 병든 몸을 치유해주는 장소가 된다. 그곳에서 모난 돌의 날카로운 모서리는 비로소 원만해진다. 시인의 시적 자아는 돌밭에 가서 그 자신도 몽돌이 되고자 한다. 돌밭은 새로운 몸과 마음으로 다시 태어날 수 있는 신성한 장소가 되는 것이다.

그림이 알쏭달쏭한
모양이 될 똥 말똥한
같잖은 돌을 쥐고 돌 맛 얼큰해지는 돌 있나니
살짝 뺨을 만져보고 지나가는 바람처럼
정작 돌밭에 와서는 돌 욕심 버린 후
그 빈 마음을 어렴풋이 채워주는 돌이 있나니

육자배기라도 흥얼거리고 싶은 나만 즐기는 돌
가지고 갔다 제자리 다시 가져다 놓아도 즐거운
얼큰한 돌이 있나니

–「얼큰한 돌」 부분

돌밭은 시의 화자에게 좋은 돌을 갖겠다는 욕심이 허튼 것에 불과하다는 것을 깨닫게 해준다. 대신에 욕심을 비운 화자의 가난한 마음속을 즐거움과 얼큰한 흥취로 채워주는 얼큰한 돌이 있다. 무언가를 소유하지 않아도 즐거운 돌, 화자가 즐기는 돌은 바로 화자 자신의 자족의 마음이다.

장작개비 같은 팔뚝에는 이제
푸르뎅뎅 더는 주사바늘 꽂을 데가 없다
그래도 퀭한 두 눈은 야광처럼 밝다
그래도 미치게 말이 하고 싶어 하는 말이
관을 꽂은 목구멍에서 새고 마는 말
병상을 박차고 이 사람 일어나면 함께
맨 먼저 돌밭이나 가리라
몸이 찌뿌듯하고 병 날 것 같으면 혼자
배낭 매고 돌밭 가서 깨끗해지고 돌아오던
이 사람 일어서면 맨 먼저 돌밭 가리라
거기에 감사할 造化翁이 계시니까
그와 내가 마냥 걸어갔던
걸어가서 돌아오지 않아도 좋을

돌밭이니까

―「문병」 부분

위 시에서도 돌밭은 정화의 장소이며, 치유와 포용의 장소로 나타난다. 시의 화자는 병상에 누운 그를 보면서 그가 건강을 회복하면 가장 먼저 데리고 가고 싶다고 생각한다. 돌밭은 화자에게 있어 그와 마냥 걸어가서 돌아오지 않아도 기꺼운 곳이다. 이 같은 화자의 바람은 실현될 가능성이 거의 없다. 화자인 나는 그의 건강이 회복되기 어렵다는 것을 잘 알고 있다. “휑한 두 눈은 야광처럼 밝”은 그의 의식은 또렷하다. 그러나 병마에 이미 잠식되어 버린 그의 육체는 끝없이 침몰하기만 한다. 절망적인 그의 현실은 바뀌지 않을 것이지만, 나는 그의 병을 깨끗이 낫게 해 줄 돌밭을 상상한다. 돌밭은 병든 그를 바라보는 나의 안타까운 마음의 장소인 것이다.

2. 변용된 돌들, 나무와 얼음

나석중 시인의 새 시집에서 특히 인상적인 부분은 인고라는 관념이 돌 이미지와 결합되어 전개된다는 점이다. 시인은 따뜻한 생명과 울음과 기쁨 등의 감정들이 함께 응결된 존재로서 돌의 본질을 형상화시킨다. 또한 그는 나무와 얼음에서 변용된 돌의 이미지를 발견해 낸다. 돌은 식물인 나무로 변용되거나 얼음 등으로 변용된다. 이들 불변의 성질을 갖는 사물들은 시인의 시적 자아가 경험하는 세상의 가변성과 대비된다. "여태까지 양버즘나무 그늘 짙푸른데/운동장에서/밀고 당기던 동무들 다 어디 사나"(「양버즘나무」) 여기에서 양버즘나무의 짙푸른 그늘은 인간의 변하는 시간을 인식하게 하고, 인간의 유한함을 겸허하게 받아들이게 한다. 시의 화자에게 양버즘나무는 성찰의 매개가 되는 것이다.

나석중 시인의 시적 자아에게 나무들은 동일시의 대상이다. 그는 동일시의 근거를 나무의 이름에서 찾거나 나무의 모습에서 찾아낸다. 「꽝꽝나무 앞에서」에서 '꽝꽝나무' 라는 이름은 나태한 그에게 정신을 차리게 하는 힘을 갖고 있으며, 「서어나무」의 단단한 목질을 지닌 서어나무는 무른 성품을 가진 그로 하여금 단단한 성품을 배우게 하는 대상이다. 또한 「겸손한 나무」에서 층층나무의 외형은 그에게 다른 이보다 낮은 자리에 서는 겸손의 자세를 일깨운다.

> 당신의 존함을 듣는 것만으로도
> 비틀거리던 나를 압도했던 것이다
> 한 마리 수탉처럼 목울대에 힘 실어
> 그 풍요하신 이름을 내가 불렀을 때
> 당신의 그 무엇으로 나를
> 꽝꽝 울려주는 것 같았다
> 꽉꽉 채워주는 것 같았다
> 한여름 개처럼 늘어진 내 정신의
> 혓바닥에 전기다리미 번쩍

누르는 것 같았다. 죽었다 다시
내가
벌떡 살아나는 것 같았다

–「꽝꽝나무 앞에서」 부분

위 시의 화자는 꽝꽝나무 이름만 들어도 번쩍 정신이 든다. 화자인 나의 나태와 태만함을 자각하게 해주는 꽝꽝나무는 신비로운 힘을 가진 듯하지만, 여기에서 정신을 차리는 것은 오로지 화자의 마음의 문제이다. 텅 빈 나를 채우고 늘어진 나의 정신을 벌떡 살아나게 하는 힘은 바로 내게서 나온다고 말할 수 있다.

서어나무는 시인의 시적 자아가 단단함과 결단력을 배울 수 있는 동일시의 대상이 된다. "나는 또 자꾸 대드는 사람에게 물러터지는 사람이라, 찔러도 피 한 방울 안 나올 것 같은 서어나무의 단단한 성품을 닮고 싶은 것이다. 다시는 세상의 달콤한 유언에 속지 않고 걸레 같은 사랑에도 홀리지 않겠다.//여러 잡목림에서 유달리 무엇인가 훈계할 듯 성큼성큼 다가오는 외삼촌 같은 서어나무의 딱 부러진 결단력 같은 것을 이제 좀 받아들이겠다."(「서어나무」) 여기에서 시의 화자에게 서어나무의 단단한 목질은 결단력의 상징처럼 보인다. 화자는 서어나무를 통하여 자신의 무른 성품에서 벗어나고 싶어 하며, 세상의 유혹에 쉽게 빠지는 자신에게서 벗어나고자 한다.

층층나무는

우산 위에 우산을, 몇 겹의 우산을 들고
고스란하다
겸손이
참 마음의 발로인
맨 아래 가지런한 가지가 그 위의 가지를
떡 받쳐주고 있어
보기 좋다
2층의 가지도
나중 나온 3층의 가지를
한껏 빛내주고
3층의 가지는 또
저렇게 끙끙 맨 위의 하늘 떠받치고 있어
가상하다

-「겸손한 나무」 전문

시의 화자는 층층나무에게서 겸손함을 배운다. 사람들은 자신이 다른 사람 아래에 있다는 것을 참지 못한다. 그런데 층층나무가 꼿꼿하게 서 있을 수 있는 것은 아래층의 가지가 위층의 가지를 받쳐주기 때문에 가능하다. 위층의 가지는 자신의 위층에 있는 가지를 받쳐주고, 맨 위의 가지는 하늘을 떠받치고 있다. 그래서 화자는 층층나무를 겸손한 나무라고 부른다. 자신을 다른 것보다 낮추는 층층나무의 모습에서 화자는 "참 마음의 발로"를 발견한다. 그는 겸손함이야말로 참 마음이며 가상한 마음임을 층층나무에게서 배운다.

나석중 시인의 시에서 얼음은 변용된 돌이라고 볼 수 있다. 유사함을 찾기 어려운 돌과 얼음 사이에 시인은 어떠한 연관성을 발견하고 있는가?

자기 피부를 땅겨 잡는 일이
늘어지고 펴지고 누구에겐가 스미는 습성을 참고
물이 딱딱하게 언다는 것은 참 괴로운 일
얼고도 수평을 유지하는 것은 참 대단한 근력
방한복 하나 걸치지 않은 맨몸으로 웬만한 추위쯤은
자기 몸의 일부를 살얼음 거죽을 만들어 막아보지만
동지섣달 쇠 가시 같은 강추위에
제 몸 깡깡 얼어붙어 아예 스스로 추위와 내통하는
통째로 얼음이 되어 얼음을 이기는
검푸른 파도와 폭포와 홍수를 인내하는 물의 침묵을
내 안에도 담아두는 이 겨울

–「물의 동안거冬安居」 전문

겨울에 결빙된 물을 시인은 동안거에 든 수행자의 침묵으로 표현한다. 통째로 자신의 몸을 얼어붙게 만들어 추위를 견디는 물의 결의는 "검푸른 파도와 폭포와 홍수를 인내하는" 데에서 나온다. "이도 저도 더 나아가거나 물러설 수 없는 데까지 흘러온 각진 제 몸과 마음이 있다//닦고/깎고/용맹정진하고 있는 몽돌 밭이 있다//예까지 와서 그들은, 한세상 되는 대로 살고 싶은 생각도 불쑥, 불쑥 나기도 하겠지만, 그때마다 철썩, 철썩 서로 뺨을 때리며 기울어 가는 정신을 깨운다. 일으킨다/내 몸도 기꺼이 거기에 섞이어 온몸 몽그라지고 둥글어진다/딸그락 딸그락…”(「딸그락딸그락」, 『촉감』, 2009) 한 발자국도 앞으로 나가거나 물러설 수 없는 지점까지 흘러온 돌들의 각진 몸과 마음은 몽돌밭에서 온몸이 몽그라지고 둥글어지는 법을 배운다. 몽돌은 세상의 아픔과 고통을 경험한 뒤에 갖게 되는 원만함이다. 모난 돌들이 “철썩, 철썩 서로 뺨을 때리며 기울어 가는 정신을 깨”우고 일으키면서 몽돌이 되어가는 것처럼, “귀 막고/눈 감고/입 다문 돌//이 돌/울음보 터뜨리면/세상 불지를”(「불씨」) 돌멩이처럼, 「물의 동안거冬安居」에서 물의 묵언수행은 자기 안의 울음을 결빙시켜버리려는 물의 결의인 것이다. 그런 점에서 격렬한 감정을 한 덩어리 돌처럼 응결시키는 의지를 보여주는 얼음은 변용된 돌의 이미지라고 말할 수 있다.

나석중 시인의 시적 자아는 대나무가 꼿꼿하게 설 수 있는 것도 대나무 안에 감춘 속울음 때문임을 발견한다. “그렇다. 대나무가 꼿꼿이 설 수 있는 것도/그 속 깊은 노래와 팽팽한 울음 때문이다/그 소리의 긴장 속에 꺾이지 않는 절개”(「대나무 속에 소리가 산다」)를 지닌 대나무의 힘은 안으로 울음을 감추고 겉으로는 서늘한 균형을 지켜내려는 의지에서 나온다.

3. 초월로 이끄는 매개

나석중 시인이 불변의 사물들에 의식을 집중하는 것은 고독과 상실감과 유한함에 대한 그의 깊은 성찰에서 비롯된다. 시인의 시적 자아는 자신의 가슴에 "영원히 멸하지 않는 고독이라는 섬"(「섬의 조건」)이 있음을 고백하고, "달포 사이, 두 친구의 죽음이 나를/귀에 맞대고 친 종소리만큼 놀라게 한다"(「그는 가고」)고 죽음에 대한 충격을 고백한다. 이처럼 시인의 시적 자아가 자신의 고독과 유한성을 새삼스럽게 알아차리고, 가까운 이의 죽음을 대면하게 되는 때는 그가 세상의 가변성을 극적으로 경험하는 순간일 것이다.

> 낯설다
> 서울에서 반평생을 살아오면서도 어느 도시인지
> 낯설다
> 흙길에 깎아 박은 돌계단으로 변한 길이
> 낯설다
> (중략)
> 20년 만에 올라와 보는 폭삭 늙은 남산 얼굴이
> 낯설다
> 화장실에 들어가 손 씻으며 보는 주름진 얼굴도
> 낯설다
>
> —「낯설다」 부분

위 시의 화자가 익숙했던 주변의 물상을 비롯하여 자신의 얼굴까지도 낯설게 느끼는 이유는 무엇인가? 그 낯섦은 흘러가버린 시간의 상실감에서 비롯되는 것이다. 화자는 자신과 자신을 둘러싼 모든 것들이 변해버렸음을 불현듯 인지한다. 예전의 시간으로 어떤 것도 되돌아갈 수 없음을 느끼는 순간이 동일한 장소들과 반복되는 풍경들 속에서 갑작스럽게 부각되어 떠오른다. 「박제된 골목길」에서도 "골목길은 흘레붙은 개새끼들도 보이지 않습니다//골목길은 도둑고양이도 어슬렁거리지 않습니다//골목길은 우체부도 다시는 오지 않습니다//골목길은 이따금 그림자 없는 사람들 몇 기웃거립니다"(「박제된 골목길」) 여기에서 화자의 내면은 생명 있는 사물들로 활기찼던 장소의 상실감으로 압도되어 버린다. 황무지와 다름없이 되어버린 골목길은 마치 현실 속의 장소가 아니라, 화자의 기억 속에 펼쳐져 있는 아득한 과거의 공간처럼 보인다.

그러나 나석중 시인의 시적 자아는 가변적인 세계가 주는 상실감에 함몰되지 않는다. 그는 사물들이 지닌 불변성을 탐색함으로써 상실감으로부터 벗어나고자 한다. 그는 자신이 일상 속에서 접할 수 있는 평범한 자연물들과 다른 사람들에게서 영원히 소멸하지 않는 성질을 찾아낸다. 부레옥잠이 물속에 뿌리를 내리고 꽃을 피워낼 수 있는 것은, "오글오글 안간힘으로 물질하고 있는 것은/저 부레라는 태왁 덕분"(「부레옥잠」)이다. 부레옥잠은 물 위에 뜬 생의 조건을 부여받았지만, 태왁에 의지해 해녀가 물질하는 것처럼, 물속에 띄운 통에 의지하여 뿌리를 내린다. 이처럼 물 위에서 꽃송이를 피우는 부레옥잠은 견딤과 생명력이라는 무형의 관념을 구상으로 보여준다. 「나숭게」의 화자에게 나숭게는 고향에 살았던 어린 숙자와 닮아서 더욱 마음속 깊이 들어오는 식물이다. 애기보기로 서울로 떠났던 어린 숙자는 어딘가에서 자신에게 주어진 몫의 생을 버텨내고 있을 것이다. 어린 숙자와 나숭게는 모두 낮은 위치의 생의 조건 속에서도 끈질긴 생명력을 갖춘 존재들이다. 「구멍을 보면」에서도 구멍은 목숨을 유지시켜주는 통로이며, 외부와 소통할 수 있는 통로를 상징한다. 시의 화자는 개미구멍, 숲 속의 깊은 구멍, 나무의 패인 구멍, 사람의 목구멍에서 자신의 목숨을 이어가고 외부와 소통하려는 힘을 발견한다.

나석중 시인의 시적 자아에게 아버지는 불변성과 생명력을 지닌 사물들과 더불어 상실감과 나태한 일상에 빠져 있는 그를 정신 차리게 하고, 모난 성정을 둥근 몽돌로 만들어주는 "물의 혀"(「물의 혀」) 같은 존재이다.

> 어젯밤 꿈에는 큰 아들이
> 너무 힘들어보여서 잠을 깼다네
> 데드볼이라도 맞고
> 생애의 1루라도 출루했는지
> 참으로 일상적인 아들의
> 안부전화가 기다려지는 날
> 아버지가 먼저 전화를 걸기도 하지만
> 아버지는 가끔 혼자가 된다네
> 혼자되어 낡은 울음통을 연다네
> 홀로 깊이 울어본 끝에
> 하늘에 계신 아버지를 생각한다네
> 생각하며 또 칠칠 운다네

–「아버지도 운다」 전문

위의 시는 겉으로는 돌처럼 단단해 보이지만, 자식을 위해 눈물을 흘리는 애절한 마음이 감춰져 있는 아버지의 심정을 잘 보여준다. 겉으로는 드러나지 않지만, 안에 뜨거운 울음이 살아 있는 아버지의 심장은 침묵하는 돌과 닮았다. 돌이 울음을 감추고 고요한 것처럼, 감정을 밖으로 드러내지 않는 아버지 역시 뜨겁게 피가 도는 심장을 가지고 있는 존재인 것이다.

"밖에서 문 열고 집에 들어서자마자/고장 난 수도처럼 슬픔 새고 엉 엉 엉/울고 싶어지는 찰나도 있더라/그러나 냉큼 진저리치며/재갈 물리고 울음을 참게 되더라/내 옆에 누가 있어 호통 치더라/그 호통에서 돌아가신 아버지 생각이/설핏 나더라"(「내 옆에 누가 있다」)에서처럼 아버지의 존재는 심약해진 화자의 의식을 깨운다. "천둥치고 번개치고/속 깡그리 빼주고 살았군요./마냥 비바람 불고 눈발도 왔다갔으므로/그냥 허공 한 채 들이고 사시는군요/저렇게 속을 비워 나를 주목케 하는 이여/느닷없이 귀싸대기 올려붙여 정신 차리게 하는 이여"(「천년 주목」) 여기에서 화자는 아버지의 위에 뚫린 구멍을 들여다보면서 가족을 위해서 자신을 다 꺼내주고 텅 비어버린 아버지를 생각한다. 그는 아버지의 희생의 흔적을 보면서 자신의 삶을 돌아보고 다시 새로운 삶의 방향을 잡을 수 있게 된다.

나석중 시인은 그의 첫 시집에서부터 돌은 무한함과 영원함을 상징하는 사물로 인식하는 돌의 시상을 새 시집에서 시의식의 중심에 두고 심화시킨다. 그는 나무와 얼음과 아버지에게서 가변성의 세상을 견뎌내고 아픔을 결빙시킨 돌의 이미지를 발견한다. 나석중 시인은 불변의 사물들을 끊임없이 찾아내 삶의 고통을 견인하고 초월한다.

문학의전당 · 시인선 127
물의 혀

초판인쇄 2012년 2월 20일
초판발행 2012년 2월 27일

지 은 이 나석중
펴 낸 이 김충규
펴 낸 곳 **문학의전당**
출판등록 제387-2003-00048호(2003년 9월 8일)

주 소 420-752 경기 부천시 원미구 상동 392 한아름마을 1511-1603
편 집 실 121-718 서울시 마포구 공덕2동 404 풍림VIP빌딩 413호
전화번호 02-852-1977
팩시밀리 02-852-1978
전자우편 mhjd2003@naver.com
블 로 그 http://blog.naver.com/mhjd2003

I S B N 978-89-97176-23-6 03810